Dieses Buch gehört:

____

Der Bücherbär
1. Klasse

Liebe Eltern,

jedes Kind ist anders. Manche kennen bereits alle Buchstaben in der Vorschule und können erste Wörter lesen. Andere Kinder lernen das Abc in der Schule. Für das spätere Leseverhalten ist es jedoch völlig unerheblich, wann das Alphabet gemeistert wird. Wichtig aber ist der Spaß am Lesen – von Anfang an. Deshalb ist das Bücherbär-Erstleserprogramm konzeptionell auf die Fähigkeiten und Bedürfnisse der Kinder abgestimmt.

Dieses Buch richtet sich an Leseanfängerinnen und Leseanfänger in der 1. Klasse. Die besonders übersichtlichen Leseeinheiten und kurzen Zeilen sind ideal zum Lesenlernen. Das Hervorheben der Sprechsilben hilft dabei, ein Wort richtig zu lesen und zu verstehen. So kann jede Sprechsilbe erkannt werden: Idee, Radio. Zusätzlich regen lustige Rätsel und Verständnisfragen zum Nachdenken und zum Gespräch über die Geschichten an. Denn Kinder, die viel Gelegenheit zum Sprechen haben, lernen auch schneller lesen.

Ihr Bücherbär

Empfohlen von Westermann

Arena

Katja Alves

Frau Frida ermittelt

Eine Schulhündin auf heißer Spur

Mit Buchstaben- und Leserätseln

Bilder von Evelyn Faulhaber

Katja Alves,
geboren in Coimbra (Portugal) und aufgewachsen in der Schweiz, gehört zu den bekanntesten Schweizer Kinderbuchautorinnen. Sie arbeitete als Buchhändlerin, Spielerfinderin, DJ, Rundfunkredakteurin, Kolumnistin und Lektorin. Ihre Reihe „Der Muffin-Club“ wurde in zahlreiche Sprachen übersetzt. Katja Alves lebt mit ihrer Familie in Zürich.

Evelyn Faulhaber
wurde 1982 in Österreich geboren. Die Faszination für Kinderbücher wuchs während ihrer langjährigen Arbeit als Elementarpädagogin. Ihre Leidenschaft galt immer dem Zeichnen und Malen. So folgte sie ihrem Herzen und machte die Ausbildung zur Grafik- und Kommunikationsdesignerin. Mit ihren Illustrationen erweckt sie Geschichten zum Leben und berührt vor allem Kinderherzen.

Arena

Ein Verlag in der Westermann Gruppe

FSC®
www.fsc.org
RECYCLED
Papier aus Recyclingmaterial
FSC® C110508

Der Bücherbär
1. Auflage 2024

Rottendorfer Straße 16, 97074 Würzburg

Text: Katja Alves
Cover und Innenillustrationen: Evelyn Faulhaber
Gesamtherstellung: Westermann Druck Zwickau GmbH
Gedruckt in Deutschland
ISBN 978-3-401-72069-2

Besuche den Arena Verlag im Netz:
www.arena-verlag.de

Inhalt

In dieser Geschichte spielen mit:

Luis

Lale

Amelie

Frau Frida und Herr Schöne

Mia

Schwierige Wörter im Text:

der Glückskäfer
Er heißt auch Skarabäus.

Ägypten

die Brotdose

die Brötchen

die Schulhündin

die Spürnase

der Unterricht

Der verschwundene Glückskäfer

Heute ist der erste Schultag
nach den großen Ferien.
Endlich sieht Amelie
ihre Freundinnen
und Freunde wieder.

Die Kinder erzählen sich,
was sie erlebt haben.

Amelie will Lale etwas Besonderes zeigen.

„Meine Tante hat ihn mir
aus Ägypten mitgebracht“,
erklärt Amelie stolz.
Lale staunt: „Ist der schön!“
Mia streicht mit dem Finger
über die glänzenden Flügel.

Die erste Stunde
ist im Nu vorbei.
Nun hat die Klasse Sport.
Herr Schöne und Frau Frida
holen die Kinder ab.
Frau Frida ist die Schulhündin.
Sie gehört Herrn Schöne.

Amelie begrüßt Frau Frida.
Auch die anderen Kinder
sagen Frau Frida Hallo.
Dann gehen sie zum Sport.

Amelie will
den wertvollen Anhänger
sicher aufbewahren.
Nur wo ist ein sicherer Ort
für den Glückskäfer?

Lale hat eine gute Idee:
„In deiner Brotdose
ist er in Sicherheit."

Dann beginnt der Unterricht.
Alle sind voll dabei.

Luis schöpft Verdacht

In der großen Pause
will Amelie ihre Brote auspacken.
Aber wo ist ihre Brotdose?
Amelie kann sie nicht finden.

Lale und Luis helfen
beim Suchen.
Doch die Dose
bleibt verschwunden.
Amelie weint.

Luis ruft: „Ich weiß,
wo deine Dose ist!
Mia hat sie."
„Wirklich?", fragt Amelie.
Luis ist sich sicher.
„Ich habe die Dose
bei ihr gesehen", sagt er.

Aber wo ist Mia?
„Bestimmt versteckt sie sich“,
erklärt Luis wichtig.
„Mir nach, ich finde sie!“

Endlich finden sie Mia.
Luis hat recht.
Mia hat die gleiche Dose
wie Amelie.

Aber Mia ist keine Diebin.
Die Dose gehört wirklich ihr.

Nach der Schule treffen sich
Amelie, Lale und Luis
auf dem Pausenhof.
Amelie ist sehr traurig.
„Wir finden deinen Käfer“,
verspricht Lale.

Luis sagt: „Wir brauchen
eine richtige Spürnase."
Amelie weiß,
wer das sein könnte:
„Das ist eine Aufgabe
für Frau Frida!"

Ein kluger Spürhund

Die Kinder dürfen
Frau Frida ausleihen.
Amelie flüstert ihr ins Ohr,
was zu tun ist.
Frau Frida versteht sofort.
Sie ist ein kluger Hund.

Frau Frida beschnuppert
Amelies Sachen.
„Jetzt weiß sie,
wie deine Dose riecht“,
sagt Lale.
„Nach Stinkekäse-Brötchen!“,
sagt Luis und kichert.

Frau Frida jagt davon.

Die Kinder rennen hinterher.

O nein!
Jetzt verschwindet Frau Frida
im Keller der Schule.
Wie gruselig!

„Ob sich dort unten
jemand versteckt?“,
flüstert Amelie.

Ich habe keine Angst!

Im Keller ist die Dose
leider auch nicht.
Die Kinder sind froh,
als sie wieder im Schulflur sind.

Aber was
ist mit Frau Frida los?
Sie bellt ganz aufgeregt
und zieht an der Leine.

Ein frecher Dieb mit Brille

Wie ein Pfeil jagt Frau Frida
jetzt die Treppe hoch.
Die Kinder sind außer Atem.
Frau Frida will
zum Dachboden hinauf.

Lale ruft: „Ich glaube,
sie hat eine Spur!“
„Nein. Viel besser:
Sie hat meine Dose gefunden!“,
keucht Amelie und freut sich.

Doch die Dose ist leer.
Frau Frida knurrt.

„Hier ist noch eine Spur!“,
ruft Luis.
Die Kinder schleichen
durch den Flur.

Vorsichtig schauen sie
um die nächste Ecke.

„Der Waschbär hat
meine Brotdose geklaut!“,
flüstert Amelie.
„Zum Glück hat er
den Käfer nicht gefressen.
Sonst hätte er
jetzt Bauchschmerzen.“

Herr Schöne ist dazugekommen.
Auch er staunt:
„Ein Waschbär im Schulhaus!
Nein, so was aber auch!“
Lale kichert und meint:
„Bestimmt wollte er
Lesen und Schreiben lernen.“

Amelie ist froh,
dass sie ihren Glückskäfer
wiederhat.
„Gut gemacht, Frau Frida“,
sagt sie.
„Du bist die weltbeste
Schulhund-Detektivin!“

Buchstaben- und Leserätsel

Silbenrätsel

Ordne die Silben, dann erkennst du das Wort.

Der Glückskäfer heißt auch

bä ra Ska us

Was hat Amelie in ihrer Brotdose?

se bröt Kä chen

Anlauträtsel

Die Anlaute verraten dir die Lösungen.

Worin versteckt Amelie ihren Glückskäfer?

Wer hat Amelies Brotdose gestohlen?

Wie heißt der Satz richtig?

Finde den passenden Reim.

Der Käfer bringt ihr Glück.

Amelie möchte ihn gern ______________.

(verschenken/zurück)

Die Lösungen findest du auf Seite 44.

Erzähl mal!

Gibt es an deiner Schule ein Schultier?

Welches Schultier wünschst du dir?

Lösungen

Der Glückskäfer heißt auch **Skarabäus**.

In Amelies Brotdose ist ein **Käsebrötchen**.

Amelie versteckt den Glückskäfer in ihrer **Brotdose**.

B R O T D O S E

Der **Waschbär** hat Amelies Brotdose gestohlen.

W A SCH B Ä R

Der Käfer bringt ihr Glück.

Amelie möchte ihn gern **zurück**.

Der Bücherbär
1. Klasse

Eine durchgehende Geschichte in Kapiteln

Beste Freunde und ein tolles Abenteuer
978-3-401-71587-2

Elf Fußball-Freunde halten zusammen
978-3-401-72021-0

Ein Dino auf dem Schulhof
978-3-401-72001-2

Kleines Einhorn Funkelstern
Fliegen ist wie Zauberei
978-3-401-71870-5

Jeder Band: Ab 5/6 Jahren • Eine durchgehende Geschichte in Kapiteln • Durchgehend farbig illustriert • 48 Seiten • Gebunden • Format 17,5 x 24,6 cm

Bildergeschichten erleichtern das Leseverständnis

Zeilentrennung nach Sinneinheiten

Große Fibelschrift

Viele farbige Bilder

Innenseite aus *»Beste Freunde und ein tolles Abenteuer«*
978-3-401-71587-2

Diese Reihe richtet sich an Leseanfänger in der 1. Klasse. Mit der großen Schrift, den kleinen Kapiteln und den vielen farbigen Bildern macht das erste Lesen viel Spaß.

Empfohlen von Westermann

AMELIE
WUFF!
AMELIE
WUFF!
AMELIE
WUFF!